CHRISTIAN
CROSSWORD
BOOK

Crossword Puzzles and Word Searches to Challenge Your WORD Knowledge

BYRON AND KRYSTAL AUGUST

Unless otherwise indicated, all Scripture quotations are taken from the *King James Version* of the Bible.

Christian Crossword Book
ISBN: 978-0-9815379-6-2
Copyright © 2010 by Byron August
P.O. Box 2833
Broken Arrow, OK 74013

Published by A & A Publishing
P.O. Box 324
Broken Arrow, OK 74013
(918) 459-6981

Cover Design: Teena Oliver
Text Design: Bobby & Lisa Simpson
www.simpsonproductions.net

Printed in the United States of America.
All rights reserved under International Copyright Law. Contents and/or cover may not be reproduced in whole or in part in any form without the express written consent of the Publisher.

Contents

Easy

Love	6,7
Matthew 5-7	8,9
Bible Places	10,11
Beatitudes	12,13
Jonah and the Whale	14,15
Women of the Bible	16,17
John the Baptist's Ministry	18,19

Challenging

Book of Acts Pt. 1	22,23
Book of Acts Pt. 2	24,25
Book of Matthew Pt. 1	26,27
Book of Matthew Pt. 2	28,29
Book of John Pt. 1	30,31
Book of John Pt. 2	32,33
Who's Who in the Bible Pt. 1	34,35
Who's Who in the Bible Pt. 2	36,37

Word Search

Books of the Old Testament	40,41
Books of the New Testament	42,43
Nine Fruit of the Spirit	44,45
Nine Gifts of the Spirit	46,47
Seven Things are an Abomination to God	48,49
The Twelve Disciples	50,51

The Spirit of the Lord Came upon Jesus 52,53
The Lord's Prayer, Matthew 6:9-13 54,55
Answer Key 57

Easy

Love

ACROSS
1. These things I _____ you that ye love one another. John 15:17
2. We love him, because he _____ loved us. I John 4:19
3. Herein is love, not that we loved God, but that He loved us, and sent His Son to be the propitiation for our _____. I John 4:10
7. This is my _____, that ye love one another, as I have loved you. John 15:12
9. Nay in all these things we are more than _____ through him that loved us. Romans 8:37
11. _____, if God so loved us, we ought also to love one another. I John 4:11
13. If ye love me, _____ my commandments. John 14:15
14. Greater love hath no man than this, that a man lay down his _____ for his friends. John 15:13

DOWN
1. By this we know that we love the _____ of God, when we love God, and keep his commandments. I John 5:2
4. For God so love the world, that he gave his only begotten _____ that whosoever believeth in him should not perish, but have everlasting life. John 3:16
5. But God, who is rich in mercy, for his _____ love wherewith he loved us. Eph.2:4
6. By this shall all men know you are my _____, if ye have love one to another. John 13:35
8. A new commandment I give unto you, that ye love _____ _____ as I have loved you, that ye also love one another. John 13:34
10. There is no fear in love: but perfect love casteth out fear: because fear hath torment. He that feareth is not made _____ in love. 1 John 4:18
12. No man hath seen God at anytime. If we love one another, God _____ in us, and his love is perfected in us. 1 John 4:12

Love

Matthew 5-7

ACROSS
4. Ye are the _____ of the world. Matt. 5:14
5. Which of you by taking thought can add one _____ unto his stature? Matt. 6:27
7. Beware of false _____. Matt. 7:15
9. No man can serve two_____. Matt. 6:24
12. Even so every good tree bringeth forth good _____. Matt. 7:17
13. But I say unto you, _____ your enemies. Matt. 5:44
14. And it came to pass, when Jesus had ended these sayings, the people were astonished at his _____ . Matt. 7:28
15. Let your light so _____ before men. Matt 5:16
16. Whosoever shall compel thee to go a mile, go with him_____. Matt. 5:41
19. Give not that which is holy unto the _____, Matt. 7:6
20. Many will say to me in that _____... Matt. 7:22
22. But seek ye first the _____ of God and his righteousness, Matt.6:33

DOWN
1. _____ not that ye be not judged. Matt. 7:1
2. And the rain descended, and the _____ came., Matt. 7:25
3. Or what man is there of you whom if his son ask bread, will he give him a _____? Matt. 7:9
6. Lay not up for yourselves _____ upon earth. Matt. 6:19
8. Therefore I say unto you, take no thought for your_____, Matt. 6:31
10. Ye are the _____ of the earth: Matt. 5:13
11. Take therefore no _____ for the morrow: Matt. 6:34
17. Take heed that ye do not your _____ before men. Matt. 6:1
18. If ye then, being evil know how to give _____ gifts... Matt. 7:11
21. _____, and it shall be given unto you; Matt. 7:7

Matthew 5-7

Bible Places

ACROSS
2. A born-again Christian goes to this place when they die.
4. Jesus was baptized in this place.
7. The town where Jesus was born.
8. Jesus rode into this city on a donkey during Palm Sunday.
10. The hill where Jesus was crucified.
12. Paul had his experience on this road.
13. Jesus spoke to the woman at the well in this city.
14. Isaiah prophesied that the fate of this land would be destruction.

DOWN
1. Joshua and Caleb described this land as flowing with milk and honey.
3. Joseph was a slave in this house.
5. Moses went to this place to deliver the children of Israel.
6. A non-believer goes to this place when they die.
9. Jesus' first miracle took place in this city.
11. Cornelius was a Roman stationed at this place.

Bible Places

Beatitudes
Matthew 5:3-12

ACROSS
2. Blessed are they which do hunger and thirst after righteousness: for they shall be_____.
5. Blessed are they that mourn: for they shall be _____.
6. Blessed are they which are persecuted for righteousness' sake: for theirs is the kingdom of _____.
7. Blessed are the meek: for they shall inherit the _____.
8. Blessed are the merciful: for they shall obtain _____.

DOWN
1. Blessed are ye, when men shall revile you, and persecute you, and shall say all manner of evil against you falsely, for my sake. _____, and be exceeding glad:.
3. Blessed are the peacemakers: for they shall be called the children of_____.
4. Blessed are the pure in heart: for they shall see _____.
6. Blessed are the poor in spirit for theirs is the kingdom of _____.

Beatitudes
Matthew 5:3-12

Jonah and the Whale

Across
1. During Jonah's voyage to Tarshish, a large _____ arose and overtook the sea.
3. The people of Nineveh were wicked and needed to _____ of their ways.
7. The sailors threw Jonah _____ in hopes the storm would stop.
10. Jonah ran from God's instructions and fled to _____.
11. God told the fish to spit Jonah out on the _____.

Down
2. Jonah was in the belly of the fish for _____ days and nights.
4. God told Jonah to go to _____ and preach the Gospel.
5. Jonah _____ that the storm has come upon them because he was running from God's will.
6. The people of Nineveh repented of their ways and the city was _____.
8. Jonah walked to Nineveh and _____ the gospel like God had commanded him.
9. As Jonah was sinking to the bottom of the sea, a _____ swallowed him.

Jonah and the Whale

Women of the Bible

ACROSS
2. I did not open the gate of the house for Peter.
4. I danced at the Red Sea Crossing.
6. I was the mother of Solomon.
9. My love story included seven years of hard work, and my sister.
10. I gave up my lover for money.
11. My son tricked my husband in his old age.
12. I misused my royal power and rebelled against Hebrew law.
14. Boaz was my one true love.

DOWN
1. My daughter-in-law Ruth and I made decisions that changed our destinies.
3. I was full of good works and almsdeeds.
5. I was the first to discover Jesus' body was not there.
7. My name means "life bearer."
8. My husband was called the father of many nations.
13. I saved my people from death by boldly pleading my case to the king.

Women of the Bible

John the Baptist's Ministry

Across
2. John _____ in the wilderness.
4. "But he shall baptize you with the _____."
5. He preached the baptism of _____.
6. Jesus came from _____ to be baptize of John.
8. In whom I am well _____.
11. He said I indeed have baptized you with _____ .
13. Jesus was baptized by John in the _____ River.
14. John preach the baptism of repentance for the remission of _____.

Down
1. John said "There cometh one _____ than I after me."
3. John was the voice of one crying in the _____.
7. Coming out of the water he saw the _____ open.
9. John ate _____ and wild honey.
10. John was clothed with camel's _____.
12. And there came a voice from heaven saying "Thou art my beloved_____."

John the Baptist's Ministry

19

Challenging

Book of Acts
Part 1

ACROSS
1. He was a devout man who feared God. 10:2
3. _____ suffered them not to go into Bithynia. 16:7
4. The Holy Ghost said _____ Barnabas and Saul. 13:2
6. The Word of God grew and _____. 12:24
8. It is more blessed to give than to _____. 20:35
9. The sick were brought into the street so Peter's _____ might touch them. 5:15
12. This is the time Paul and Saul prayed and sang praises unto God. 16:25
13. He casted a spirit out of a possessed damsel. 16:18
15. This was made for Peter by the church. 12:5
16. What city was the man from who was impotent in his feet? 14:8
19. They were forbidden by the Holy Ghost to preach the word where? 16:6

DOWN
2. God is no _____ of persons. 10:34
5. Cornelius sent men to what city to get Peter. 10:32
6. Cornelius' prayers and alms were a _____ before God. 10:4
7. The disciples took Paul by night and let him down the wall in this. 9:25
10. Which King said to Paul you almost persuaded me to be a Christian? 26:28
11. Paul said after his departure grievous _____ would come, not sparing the flock. 20:29
14. He departed from the work in Pamphylia. 15:38
17. James the brother of John was killed with a _____. 12:2
18. She did not open the gate for Peter. 12:14

Book of Acts
Part 1

23

Book of Acts
Part 2

ACROSS
3. This woman was full of good works and almsdeeds. 9:36
5. He met Jesus near Damascus. 9:3
6. Which direction did the angel tell Philip to go? 8:26
8. They were in one accord and in one place on this day. 2:1
9. And _____ there came a sound from heaven. 2:2
10. She lied to the Holy Ghost along with her husband Ananias. 5:2
11. There arose a murmuring of the Grecians against them. 6:1
13. Peter said _____ and gold have I none. 3:6
15. The apostle said we should obey ____ rather than men. 5:29
16. He went to the temple to pray at the ninth hour with Peter. 3:1
18. How many men did the disciples tell the multitude to look for? 6:3
19. The Lord told him to go to a street called straight and ask for Saul. 9:11
20. The day of Pentecost is what was spoken by the prophet _____. 2:16

DOWN
1. And there appeared unto them cloven _____ like as of fire. 2:3
2. The disciples took Paul by night and let him down the wall in this. 9:25
4. And there was great joy in this city. 8:8
7. The disciples were commanded not to depart from this city. 1:4
12. And ____ was filled with faith and power and did great wonders. 6:8
13. He wanted power. 8:19
14. You shall receive _____ after the Holy Ghost has come upon you. Acts 1:8
17. John baptized with _____ but you shall be baptize with the Holy Ghost. 1:5

Book of Acts
Part 2

Book of Matthew
Part 1

Across
4. Blessed are they that _____: for they should be comforted. 5:4
6. Great multitudes _____ Jesus. 8:1
7. Jesus was born in this city. 2:1
10. Blessed are the _____ for they shall be called the children God. 5:9
12. Do not store up_____ for yourselves on earth. 6:19
13. John the Baptist preached in the _____ of Judaea. 3:1
17. You are the _____ of world. 5:14
18. Blessed are the _____: for they shall obtain mercy. 5:7
19. After Jesus fasted forty days and forty nights, he was _____. 4:2
20. An angel of the Lord appeared unto him in a dream. 2:13

Down
1. Blessed are the _____ in spirit: for theirs is the Kingdom of God. 5:3
2. _____ came and ministered unto Jesus after the devil tempted him. 4:11
3. Do not do this and it will not be done to you. 7:1
5. He ate locusts and wild honey. 3:4
8. Seek _____ the Kingdom and things will be added. 6:33
9. No man can serve two _____. 6:24
11. Blessed are the _____: for they should inherit the earth. 5:5
14. His name should be called _____. 1:23
15. You are the _____ of the earth. 5:13
16. Do not do these before men. _____ 6:1

Book of Matthew
Part 1

Book of Matthew Part 2

Across
4. The disciples were sent forth as _____ in the midst of wolves. 10:16
5. Every kingdom _____ against itself shall not stand. 12:25
7. Jesus said the Father can give him more than 12 _____ of angels. 26:53
10. Jonas was three days and three nights in the whale's _____. 12:40
11. Jesus said to _____ the sick. 10:8
14. Many are called, but few are _____. 22:14
15. Jesus went on the Sabbath day through the _____. 12:1
16. Pilate released _____. 27:26
17. Go ye therefore, and teach all _____. 28:19
19. My house shall be called the house of _____. 21:13
20. _____ went out and hung himself. 27:5

Down
1. Jesus told Peter before the cock crow, you shall deny me _____. 26:75
2. The _____ truly is plenteous but the labourers are few. 9:37
3. A _____ man out of the good treasure of the heart brings forth good things. 12:35
6. Jesus said all power is given unto me in heaven and in _____. 28:18
8. A place of a skull. 27:33
9. _____ and pray that ye enter not into temptation. 26:41
12. The Kingdom of Heaven is like a certain _____. 22:2
13. Whosoever will be chief among you, let him be your _____. 20:27
18. Whosoever exalts himself shall be _____. 23:12

Book of Matthew
Part 2

Book of John
Part 1

Across
2. For God so loved the world, He gave His only begotten _____. 3:16
4. Where was the woman from who drew water from Jacob's well? 4:9
5. Peter said you all never wash my _____. 13:8
7. Jesus told the blind man to go wash in this pool. 9:7
8. John said a man cannot receive anything except it be given to him from _____. 3:27
10. Grace and truth came by _____.1:17
11. It is the spirit that _____. 6:63
12. He that _____ on the Son hath everlasting life. 3:36
13. He was a man of the Pharisees; a ruler of the Jews. 3:1
16. Except a man be _____, he cannot he see the kingdom of God.3:3
18. For the _____ always you will have. 12:8
19. He must _____ and I must decrease. 3:30

Down
1. The brother of Mary and Martha. 11:1
3. Nathanael ask can any good things come out this place. 1:46
5. And the word was made _____. 1:14
6. He cometh to steal to kill and to destroy. 10:10
9. Jesus said I am the _____. 11:25
14. My _____ hear my voice. 10:27
15. In the beginning was the _____. John 1:1
17. He that is without sin among you, let him cast the first _____. 8:7

Book of John
Part 1

Book of John Part 2

Across

4. A new _____ I give unto you. 13:34
5. In my father's house are many _____.14:2
9. After Jesus rose from the dead, Mary Magdalene thought he was the _____. 20:15
12. It is _____ for you that I go. 16:7
13. When Jesus was on the cross, he was given a sponge filled with_____. 19:29
15. He said my Lord and my God. 20:28
17. He left this with us not as the world gives. 14:27
18. _____ in me and I in you. 15:4

Down

1. Let not your _____ be troubled. 14:1
2. Blessed are they that have not _____, and yet believe. 20:29
3. I am the _____ vine. 15:1
4. The Father will give you another _____. 14:16
6. The soldiers platted a crown of _____ and put it on Jesus' head.19:2
7. Jesus said if a man love me, he will _____ my commandments. 14:21
8. Jesus told Peter to_____ his sheep. Peter 21:16
9. The place of a skull. 19:17
10. My _____ is not of this world. 18:36
11. By this shall all men know that ye are my disciples. 13:35
14. Jesus told _____ "touch me not" because He had not ascended to the Father. 20:17
16. When Jesus was on the cross, a soldier took a _____ and pierced his side. 19:34

Book of John
Part 2

Who's Who in the Bible Part 1

ACROSS

4. The second son of Joseph Gen. 41:52
5. A Christian woman from Joppa Acts 9:36
8. A messenger sent by the church at Philippi Phil. 2:25
10. A silversmith at Ephesus Acts 19:24
11. A wife of Uriah the Hittite and of King David 2 Sam. 12:24
12. The fourth son of Ham and the grandson of Noah Gen. 9:18
13. One of the 12 spies sent by Moses Num. 13:6

DOWN

1. A military hero Judg. 6:1
2. The woman loved by Samson Judg. 16:5
3. The oldest son of Adam Gen. 4:1
6. A Roman soldier stationed in Caesarea Acts 10:1
7. A blind man of Jericho Mark 10:46
9. A Roman governor of Judea Acts 23:24
11. An apostle in the early church and Paul's companion on his first missionary journey Acts 13:7
14. The first woman Gen. 3:20

Who's Who in the Bible
Part 1

Who's Who in the Bible
Part 2

ACROSS
3. The wife of Aquila
6. Naomi's daughter-in-law
7. The physician
8. The last judge of Israel
10. He built the ark
12. The successor to Moses
13. Abraham and Sarah's son

DOWN
1. A giant
2. The sister of Mary and Lazarus
4. The wife of Isaac
5. The builder of the temple
8. One of the first deacons
9. Abraham's nephew
11. The youngest son of Noah
12. Swallowed by a great fish

Who's Who in the Bible
Part 2

Word Search

Books of the Bible
Old Testament

Genesis	Ecclesiastes
Exodus	Song of Solomon
Leviticus	Isaiah
Numbers	Jeremiah
Deuteronomy	Lamentations
Joshua	Ezekiel
Judges	Daniel
Ruth	Hosea
I Samuel	Joel
II Samuel	Amos
I Kings	Obadiah
II Kings	Jonah
I Chronicles	Micah
II Chronicles	Nahum
Ezra	Habakkuk
Nehemiah	Zephaniah
Esther	Haggai
Job	Zechariah
Psalms	Malachi
Proverbs	

Books of the Bible
Old Testament

```
J O E L A M E N T A T I O N S V G
J D T I N G H A G G A I B G P M A
U T J C H D W H O H J K F E E I M
D Q N H O J T H V A O I V N X C O
G K Q R S O R K Z B J N Z E O A S
E X E O E N E K V A O G R S D H Y
S D C N A A U K W K U S R I U Q X
L E C I A H E Z E K I E L S S A I
R U L C X B T Y E U P E R U T H I
V T E L R E B A K K S L I N W U S
E E S E K Z N N J F A U Z Y E T A
X R I S I R C T E C L C W P N E M
Z O A J K A N L R J M P P S A S U
W N S T I N L D E O S I N O Z T E
J O T O N A E I M B Z I E N E H L
P M E B G H V C I Y Z C H G C E R
E Y S A S U I N A J X H E O H R C
I V W D D M T U H O P R M F A I Z
S O G I A I I M M S R O I S R S Q
A L Y A N Y C B A H O N A O I A R
I Z L H I L U E L U V I H L A M T
A E K J E U S R A A E C K O H U S
H B Z W L E L S C B R L E M I E J
Z E P H A N I A H C B E W O N L G
E Z Z Z I W M V I B S S U N N W V
```

Books of the Bible
New Testament

Matthew
Mark
Luke
John
Acts
Romans
I Corinthians
II Corinthians
Galatians
Ephesians
Philippians
Colossians
I Thessalonians
II Thessalonians
I Timothy
II Timothy
Titus
Philemon
Hebrews
James
I Peter
II Peter
I John
II John
III John
Jude
Revelation

Books of the Bible
New Testament

```
I I I E I R P Y K C B R T C L K X
I U J F I E O H Z V C W E C E J Q
T J U C C B P V I D C K X U T O M
I I D W O H N Z U L U W W U Q J Y
M O E Y R N H U Z L I S K S P R I
O V L L I S E Q F C F P N W H V I
T Q R J N L B Y B W W A P Q Z J T
H J V A T F R G S W I H N I A X H
Y H M M H V E X B S W H I S A N E
I O W E I U W K E S M J I W L N S
R I D S A T S H I P U A U Z I X S
R C P Z N J P A A I U I R N C I A
E O G E S E P E F I J P J K O F L
V L M G T A D U B I J O C T R J O
E O A X S E W O C I Q O H L I R N
L S X D W C R T T J X O H N N E I
A S F G P N U I L O J B V N T M A
T I M A F F W T V H O H X N H D N
I A Y L X E Z U M N H P U L I C S
O N X A H Y M S J E N R Z U A H H
N S I T H E S S A L O N I A N S H
P I T I M O T H Y V E R E M S T W
X A D A Y U A Q G Y T E R A K Y S
M C W N N F Y D S P H I L E M O N
A C T S R D Y K T M T W E L I Z Y
```

Nine Fruits of the Spirit

Longsuffering

Gentleness

Temperance

Meekness

Goodness

Peace

Faith

Love

Joy

Nine Fruits of the Spirit

```
L H M W O L X Q U M L I Y L E T Q
Q M O Z Q H K M Q T N T O N U U P
W E G A O X R X C U I N U K B U T
N E K N E T N B J U G X O P I G E
A K L J F A I T H S F W G E Z G M
A N Y I V I I I U O T I G J H A P
B E N S Z M C F R B I D O N A U E
L S Z P K I F H X H A Y F Z R O R
W S B V T E J G I E V H O X J V A
Q D O C R F W M G O O D N E S S N
A X K I G E N T L E N E S S P K C
E Y N I L O Z S B D P L U Q E U E
B G C O O N H B T E R X K R A T P
A D N E V V K N D P G H L I C Z P
V N G W E D U L G E U N I O E C D
```

Nine Gifts of the Spirit

Interpretation of Tongues

Divers kinds of Tongues

Discerning of Spirits

Working of Miracles

Word of Knowledge

Gifts of Healing

Word of Wisdom

Prophecy

Faith

Nine Gifts of the Spirit

```
W O R D O F W I S D O M Y O U V F
G H F Z E I O S W H Q C Q P K K D
I O G H Z P O L T S F C J E V M I
N J B N U V G M S V Z J I S X T V
T X Q D I R W R A A A H Q N R N E
E E Z I R L Q L M H M P T N T Y R
R G E S K K A K W H Y C M I K R S
P W D C O M N E J P E Y Z J A H K
R P W E M H I Z H R K L R M M F I
E J O R L Y T M H F E B E S M F N
T X R N N W D R R Y O X A Z G L D
A W K I S Q O N G K W S X L W E S
T R I N Z F P N U V K D T O X M O
I Y N G W W L O K H G N P F R B F
O C G O W I S A Z F O O D A I F T
N F O F U Y Z C T L O F N S O G O
O X F S C O C L Y E U D B I E C N
F Y M P B H G E N G G R R L U B G
T A I I P O L J H K C B V O H L U
O Y R R R B Z P G P Y F Y H W T E
N N A I J C G K E M O Y Y N B K S
G S C T L U D K C S H R W B Z W Q
U B L S T V D D F V L G P P C M U
E T E V E R R Y I F M T U N M U Y
S M S B E I E H Q R P P V Q C K C
```

Seven Things are an Abomination to God
Proverbs 6:16-19

These six things doth the Lord hate: yea, seven are an abomination unto him:

A <u>proud</u> look, a <u>lying</u> tongue, and hands that <u>shed</u> innocent blood,

An heart that deviseth <u>wicked</u> imaginations, feet that be swift in running to <u>mischief</u>,

A false <u>witness</u> that speaketh lies, and he that soweth <u>discord</u> among brethren.

Seven Things are an Abomination to God
Proverbs 6:16-19

```
E R M Y D H U T L V S Y I G Z
N H I G N I Y L A F S Q I G J
Z S E M I N W N N Y D N Z K N
T H G O N N R B C M R B L T I
R E A C A L Y G S A O B C O M
D D G W L K E E M O C Z Z M X
H R W R N P F A X O S U F Y N
M P R I X Q K V D I I C E Q S
Z D O G T G Q D Y W D B I C Y
O V G D R N Z P N N R H H D B
O B Y E U O E H H Z B R C Y X
W I C K E D E S A Z D O S L U
N C U N F X Y M S S W J I X A
Y S U R P U E M T C Q H M I P
E D F C D U O R P Z K Z G Q Q
```

The Twelve Disciples

Peter

James

Simon

John

Judas Iscariot

Bartholomew

Thaddaeus

Matthew

Phillip

Thomas

Andrew

James
(son of Alphaeus)

The Twelve Disciples

```
U P L O J Q Z X R M P N S H Q
D I E G N O A B P H X F R R B
E D R Q F K H V J E F P T S Z
M A H B S D J N T J T Z K I T
A A V D P Y O H G S E E R U L
T N W E L K O U J T J F R W B
T U O I W M B K D H U B W H A
H C X M A X X O E A D W Y W R
E G F S I H W J X D A V I Q T
W Q O W Q S F B B D S U M H H
D J A M E S U J U A I N N A O
T S G G V V I G C E S I Y H L
R O U S E M A J V U C F A R O
A M O R D U R J C S A V N F M
F A N D R E W V F F R W C O E
N N C A E I P I L L I H P S W
F Z A C G I V B M Z O L J H F
S V H O S Q U J D X T E F O T
L K B Q J Q J L O C J D E R K
F U G N N Q G Y R H E W S L D
```

The Spirit of the Lord Came upon Jesus
Luke 4:18

The Brokenhearted

The Captives

The Bruised

The Blind

The Poor

The Spirit of the Lord Came upon Jesus
Luke 4:18

```
P J F G E Q B M D H M E Z Z U G B
J T L B X V M A E H P V N E S R P
B H A J G C C H S M Z D Z O N W I
P E V M D K B L I S U L T F F F D
A B J V Q U H H U Q Y Q H S B J T
N R X O Y D Y A R H B X Q N S P E
Y O W F D X W K B G G M P L E J U
M K E T Z N T H E P O O R Q V U B
V E X S I G I V H T F J W S I G W
L N X P L G C L T H J V V K T L D
P H W G A T G B B B D S T I P X H
U E Z F B R W Y X E H J P C A X O
Y A F T A F B B F W H B B N C G N
V R Y A X D Z U R P M T L O E D R
V T O X U S S O A Y E G C V H T V
K E X R G Q U G S X V P C U T B A
I D M F H O Q Y G Y R B W P H W A
```

The Lord's Prayer
Matthew 6:9-13

Our <u>Father</u> which art in <u>heaven</u>, Hallowed be thy <u>name.</u>

Thy <u>Kingdom</u> come, thy <u>will</u> be done in <u>earth</u>,

as it is in heaven.

Give us this <u>day</u> our daily <u>bread</u>.

And <u>forgive</u> us our <u>debts</u>, as we forgive our <u>debtors</u>.

And leads us not into <u>temptation</u>,

but <u>deliver</u> us from <u>evil</u>:

For thine is the Kingdom, and the <u>power</u>,

and the <u>glory</u>, for ever. Amen

The Lord's Prayer
Matthew 6:9-13

```
V L Q Y W E B H Y N I W N L R K V
E K S A Y V A P D W H L F E Z R U
D X F G E Q D R T E U Y V P J P E
T E Q B L U V Z T F B I N B V S U
F B W K U O L A E H L T G U D E Y
X H S I Z Q R Z P E G V O F B F L
R E I N B K Y Y D P P O L R D N T
O A T G T U P O W E R Y T J S Z W
S V I D E K I U Q F O R G I V E D
N E E O M P A P K L O G I T E V U
N N A M P I R B B N D I S U F J N
P P G B T M R L R Z A I U O A U O
E M Z T A O W B W E Y L P U T F S
M H E K T O G W F D A E F N H Q Y
D V D E I P C K J E A D K A E Z L
F E Y W O Q E A L B W D M M R I Z
S W U G N I V H E T X K O E F I L
M X I T W J I S L S R F I N A M A
Z M D L T J L P Q B Z N I O M Y U
Q R X N L G Z D U P M O L N A Y V
```

Love

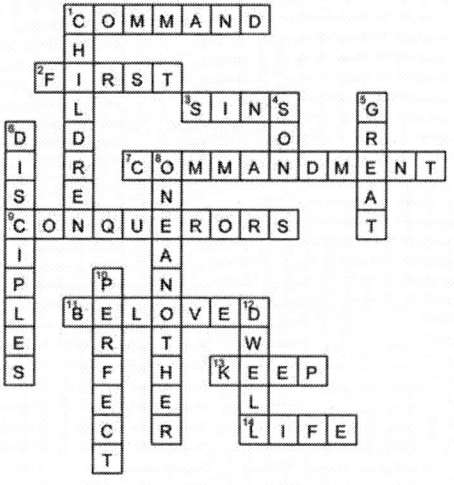

Matthew 5-7

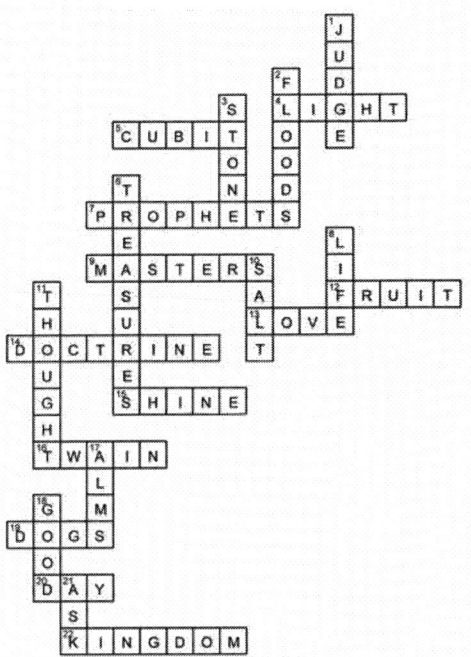

Bible Places

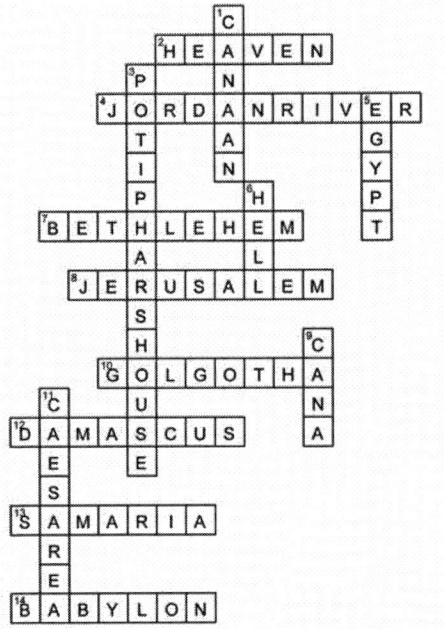

The Beatitudes

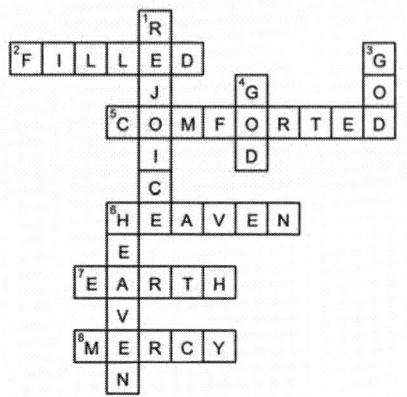

Jonah and the Whale

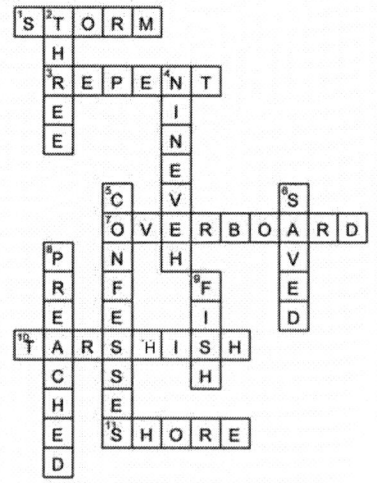

Women of the Bible

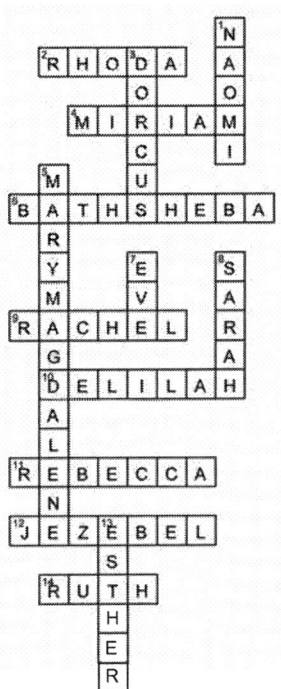

John the Baptist's Ministry

Book of Acts - Pt. 1

Book of Acts - Pt. 2

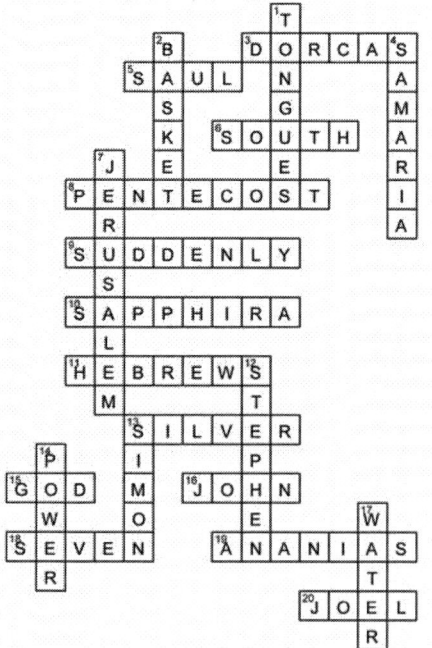

Book of Matthew - Pt. 1

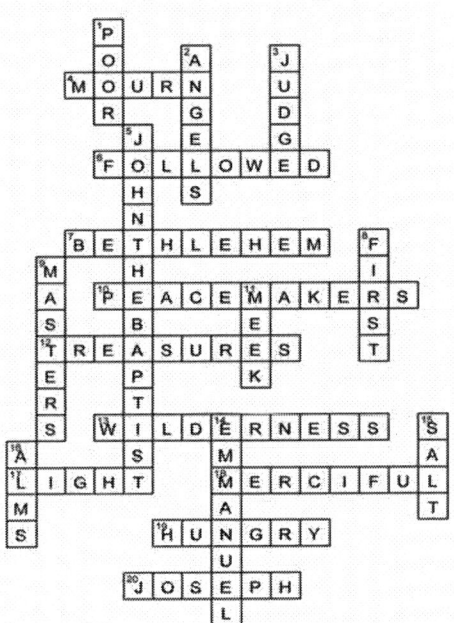

Book of Matthew - Pt. 2

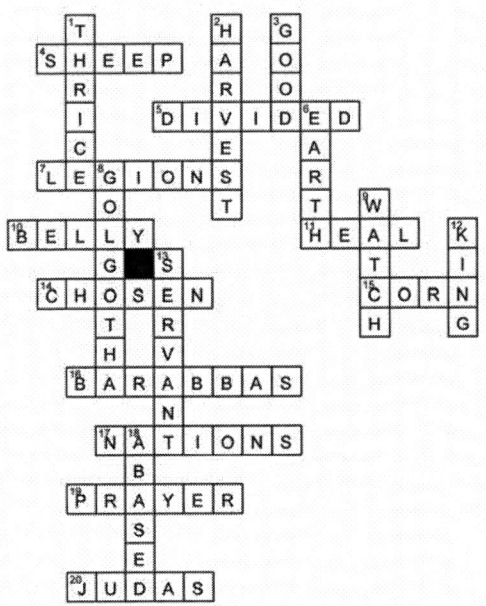

Book of John - Pt. 1

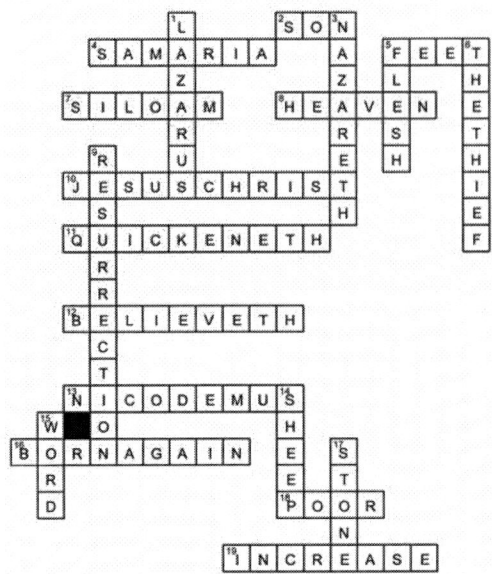

Book of John - Pt. 2

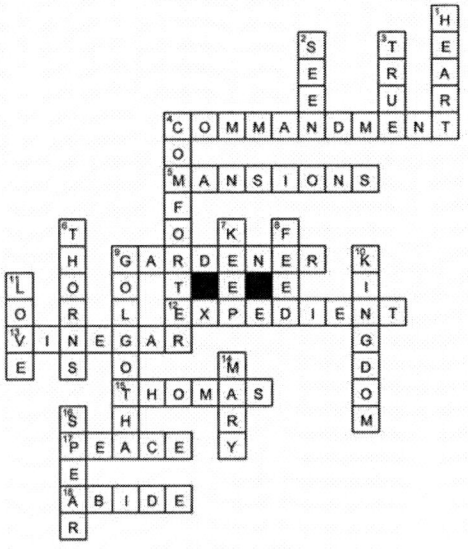

Who's Who in the Bible - Pt. 1

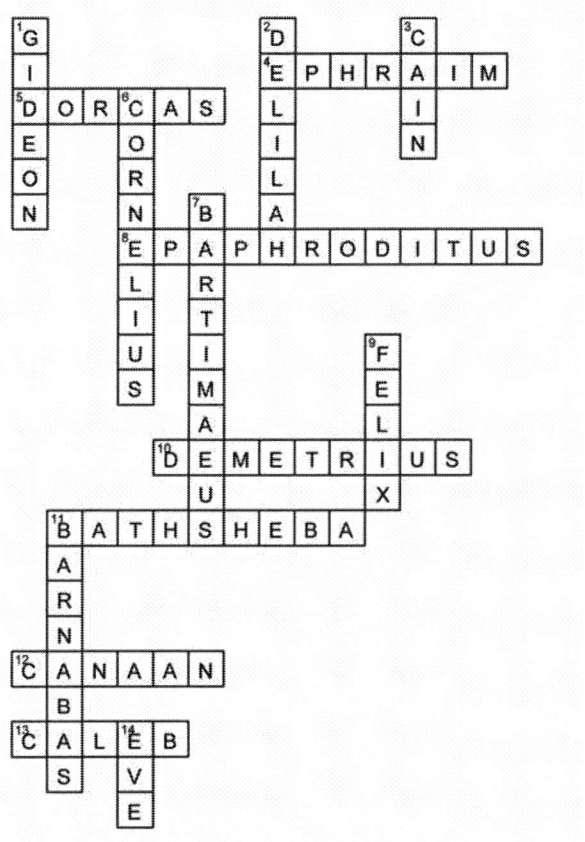

Who's Who in the Bible - Pt. 2

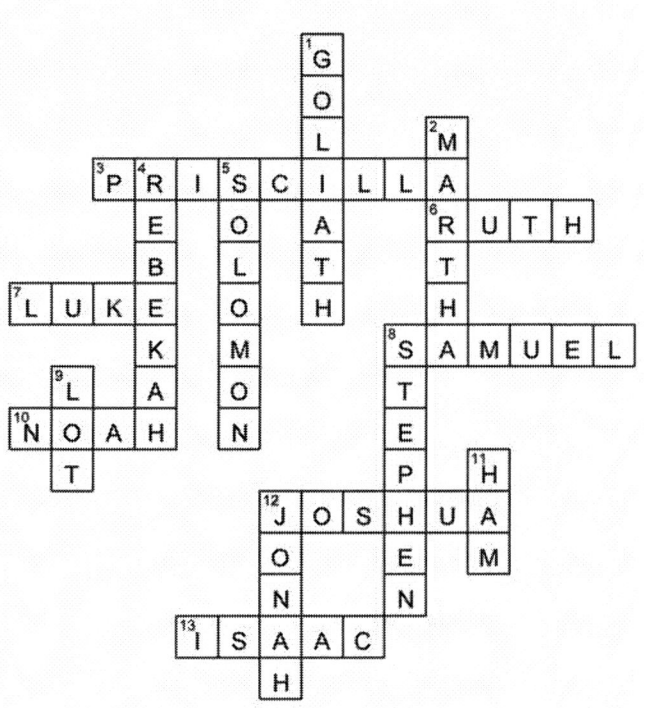

Books of the Bible - Old Testament

Books of the Bible - New Testament

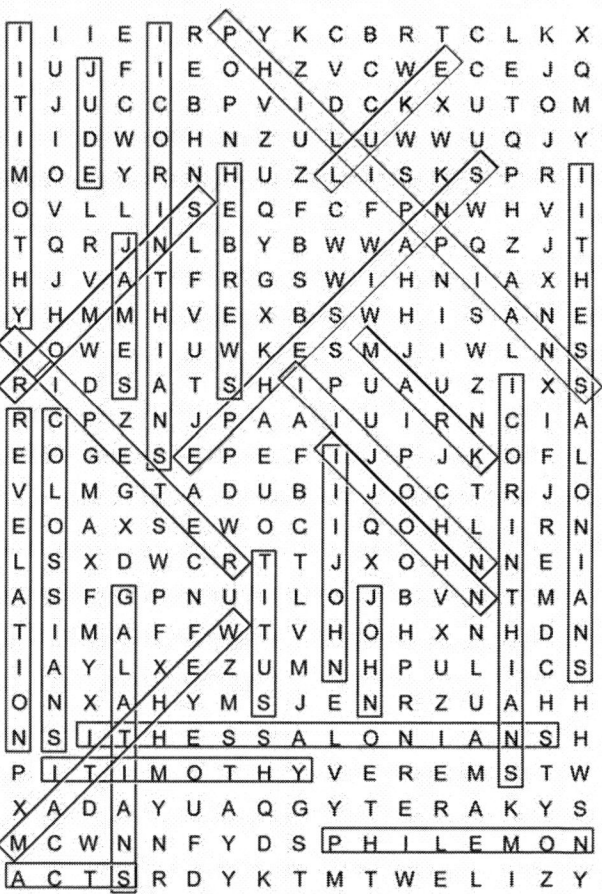

Nine Fruits of the Spirit

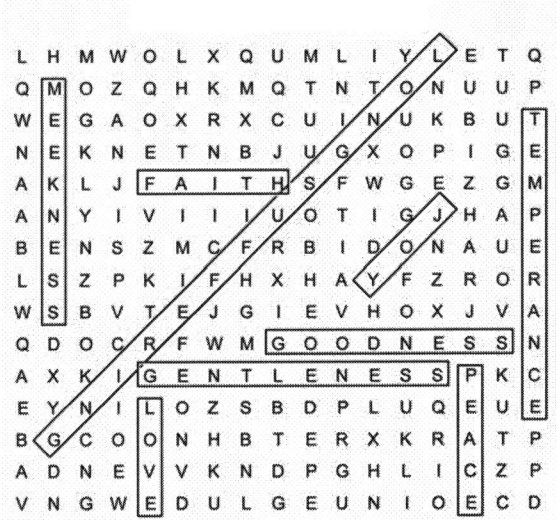

Nine Gifts of the Spirit

```
W O R D O F W I S D O M Y O U V F
G H F Z E I O S W H Q C Q P K K D
I O G H Z P O L T S F C J E V M I
N J B N U V G M S V Z J I S X T V
T X Q D I R W R A A A H Q N R N E
E E Z I R L Q L M H M P T N T Y R
R G E S K K A K W H Y C M I K R S
P W D C O M N E J P E Y Z J A H K
R P W E M H I Z H R K L R M M F I
E J O R L Y T M H F E B E S M F N
T X R N N W D R R Y O X A Z G L D
A W K I S Q O N G K W S X L W E S
T R I N Z F P N U V K D T O X M O
I Y N G W W L O K H G N P F R B F
O C G O W I S A Z F O O D A I F T
N F O F U Y Z C T L O F N S O G O
O X F S C O C L Y E U D B I E C N
F Y M P B H G E N G G R R L U B G
T A I I P O L J H K C B V O H L U
O Y R R R B Z P G P Y F Y H W T E
N N A I J C G K E M O Y Y N B K S
G S C T L U D K C S H R W B Z W Q
U B L S T V D D F V L G P P C M U
E T E V E R R Y I F M T U N M U Y
S M S B E I E H Q R P P V Q C K C
```

Seven Things are an Abomination to God

The Twelve Disciples

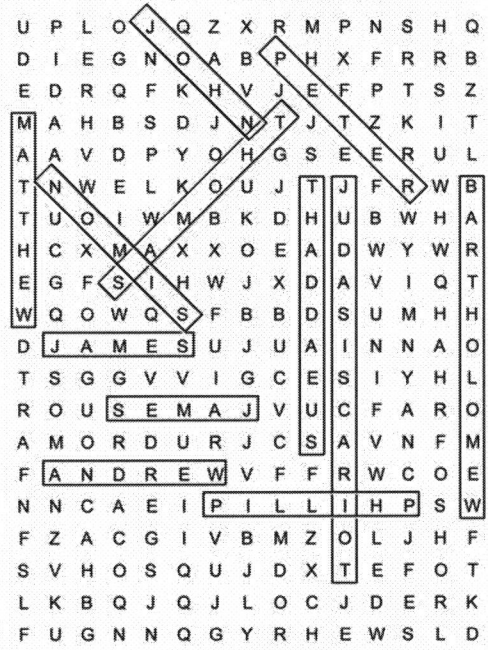

The Spirit of the Lord Came Upon Jesus
Luke 4:18

The Lord's Prayer
Matthew 6:9-13